PRÉCIS

Des motifs qui ont provoqué, auprès du général TILLY *, commandant les neuf départemens réunis, la mise en état de siége des communes de Maestricht, Venloo, Diepenbeck et Curange, département de la Meuse-Inférieure.*

———

CES motifs prennent leur principale origine dans un conflit de jurisdiction entre l'administration centrale et le général commandant le département. Cette circonstance exige quelques développemens et l'exposé exact des faits : on y verra le droit et la justice aux prises avec l'ambition du pouvoir ; les lois et leurs organes méconnus de la manière la plus scandaleuse, par un général de brigade qui veut, à tout prix, s'affranchir de l'état de dépendance dans lequel le place, à l'égard de l'autorité civile, l'article 291 de la Constitution : on y remarquera qu'un vain point d'honneur est le premier et l'unique mobile du coup qui vient de frapper ces quatre communes, et que toutes les autres considérations relatées dans l'arrêté de la mise en état de siége, ne sont essentiellement que des prétextes adroitement tissus, pour couvrir une mesure arbitraire et du plus affreux despotisme.

Au commencement de l'an 7, des troubles éclatèrent dans les départemens réunis; celui de la Meuse-Inférieure n'y eut aucune part directe : on vit même un grand nombre de ses habitans se joindre avec empressement aux défenseurs de la patrie, et concourir à l'extermination des brigands. Si, sur quelques points, il offrit le théâtre de ces troubles, ce ne fut que par le résultat d'une force majeure, et par suite de l'invasion de son territoire par les rebelles.

Ces circonstances critiques constituaient nécessairement en état de guerre une partie de ce département; sous ce rapport, l'autorité devait passer et se concentrer dans les mains des commandans militaires. Si l'ordre et le maintien de la tranquillité publique réclamaient le désarmement des

Individus suspects, l'appui que l'on devait aux républicains et aux acquéreurs de domaines nationaux, la sûreté de leurs personnes et de leurs propriétés, exigeaient au moins que les bons citoyens ne fussent pas enveloppés dans cette mesure ; il n'en fut rien, le désarmement général a été ordonné ; il fallut réclamer auprès du ministre de la police, et on en obtint, le 8 messidor dernier, l'exemption du désarmement, en faveur de tous ceux auxquels l'administration avait accordé des permissions de port d'armes.

Les brigands sont anéantis ; aux troubles succèdent le calme et la paix : dans cet état de choses, l'autorité militaire rentre naturellement dans ses premières limites, et l'autorité civile recouvre ses droits, pour les exercer dans toute leur plénitude.

On verra néanmoins un général de brigade prétendre, au mépris des lois, perpétuer le régime militaire dans ces contrées paisibles.

Le moment de la chasse arrive ; les demandes de port d'armes affluent ; les permissions s'accordent sur des certificats de civisme et de moralité, délivrés par les ad-

ministrations municipales ; elles sont sou-
mises au visa du général, et cela par l'effet de l'habitude.

L'expérience prouve qu'un grand nombre de ces certificats ont été donnés ou
avec légéreté, ou avec complaisance ; ou
surpris à la religion des municipalités, et
enfin qu'ils ont servi à armer les ennemis
du gouvernement républicain. Cet abus est
reconnu : en arrêter les funestes effets ,
prévenir qu'ils se renouvellent, tel est
l'objet de toute la sollicitude de l'administration ; elle cherche les moyens d'obtenir une garantie absolue du civisme et de
la moralité des individus qu'elle armera dé-
sormais, ou qui le sont déjà ; elle les trouve
dans l'inscription au registre civique et dans
la prestation, par écrit, du serment de haine
à la royauté, à exiger de ceux qui préten-
draient être armés.

L'accomplissement de ces formalités est,
dans toute la ci-devant Belgique, la preuve
non équivoque d'un républicanisme pro-
noncé, si on en excepte un très-petit nombre de gens sans aveu, sans honneur, pour
qui la foi des sermens n'a rien de sacré ; mais
ces individus fixent spécialement l'atten-

tion de la police ; ils sont surveillés, et il ne leur est pas accordé de permission.

L'arrêté du 17 fructidor intervient, et prescrit ces nouvelles mesures ; son exécution obtient d'heureux résultats. Des individus, déjà munis de permissions de port d'armes, y renoncent parce qu'ils ne veulent ni s'inscrire au registre civique, ni prêter le serment : les armes ne reposent donc plus que dans les mains des amis de l'ordre et du régime républicain : la tranquillité publique est donc assurée.

Une première permission est délivrée d'après les bases de cet arrêté ; elle est présentée au visa du général ; il n'a pas encore été question de la moindre difficulté à ce sujet, et cependant, sans daigner faire à l'administration aucune observation préalable, le général se permet de biffer la disposition de cette permission, qui la soumettait en outre au visa du commandant de la gendarmerie.

Le général se considère indûment comme le chef exclusif de la gendarmerie ; il voit son autorité ravalée parce que le commandant de la gendarmerie *signe après lui* ; son amour-propre en est offensé. On s'empresse de lui observer avec modération, qu'on n'a pas eu l'intention de décliner son autorité , ni de détruire les principes de la hiérarchie ; on lui expose que la formalité du visa de la gendarmerie a pour but de prévenir toute espèce de contrefactions, de permissions , et de lui faire connaître ceux qui sont armés, pour qu'elle puisse les surveiller au besoin.

Ces réflexions étaient trop justes pour n'être pas senties. On s'y est rendu; mais l'amour-propre n'en reste pas moins exaspéré. On change la nature de la question; on conteste à l'administration le droit d'accorder des permissions de port d'armes. On prétend que cette faculté rentre dans les attributions militaires. On argue d'une lettre surannée du général Beguinot, en date du premier prairial an 7. On objecte au général que cette lettre a été motivée sur des temps de troubles, sur des circonstances extraordinaires, et que ses dispositions devaient cesser d'avoir leur effet, en même temps que les troubles avaient cessé. Ces observations n'emportent pas conviction. Le général en réfère au général Tilly, commandant les neuf départemens réunis. La religion de Tilly n'est point suffisamment éclairée. Il maintient à Schoemnesel le droit de délivrer des permissions du port d'armes : il va plus loin ; il écarte l'intervention de l'administration. Les certificats des municipalités suffisent pour obtenir ces permissions. Il fait plus encore : le général Micas est investi du même droit, le général Micas, qui réside à Liége, qui est privé de toute espèce de connaissance locale sur le département de la Meuse-Inférieure.

Cet ordre est communiqué à l'administration, avec invitation d'en prévenir ses administrés, parce qu'on ordonne à la gendarmerie de désarmer tous ceux, hors les fonctionnaires publics, qui ne seront pas munis de permissions de port d'armes délivrées par les généraux Schoemnesel et Micas.

L'administration centrale s'alarme de cette nouvelle mesure ; elle gémit de cette lutte ; elle envisage avec effroi l'armement de tous les ennemis du gouvernement, de la part d'un général qui n'a aucune connaissance locale, qui n'a même aucun rapport avec les habitans du pays ; elle voit, dans cette mesure désastreuse, les moyens efficaces de favoriser les projets les plus liberticides. Elle craint pour la tranquillité publique.

La loi du 24 messidor n'a pas été rendue applicable à aucune partie du département; il doit donc être considéré en état de paix. Sous ce rapport, l'administration centrale prétend que l'action de la police est une de ses attributions exclusives : elle s'étaie de l'article 291 de la constitution; et, par un second arrêté, elle requiert le général de concourir, de tous ses moyens, à la pleine et entière exécution de celui du 17 fructidor. Elle croit de son devoir, pour prévenir toute discussion ultérieure, de faire connaître au général Tilly le véritable état de la question, en l'invitant de faire cesser une lutte trop prolongée. La lettre qui lui a été adressée est du 23 fructidor. On observe qu'elle est restée sans réponse.

Le général Schoemnesel ne reconnaît pas le réquisitoire de l'administration centrale. Il l'enfreint ouvertement ; il foule aux pieds la constitution. Au mépris de l'article 291 précité, *il veut délibérer avant d'agir*. Il donne en conséquence ses ordres à la gendarmerie. Nouvelle scène d'affliction et d'amertumes pour l'administration. Elle arrête de nouvelles mesures, motivées sur ce que les lois ont de plus positif ; même infraction de la part du général. Sur ces entrefaites, l'administration reçoit du ministre de la police générale l'approbation de son arrêté du 17 fructidor. Elle la communique au général, et termine sa lettre du 5 vendémiaire, par ces expressions :

« Nous devons toucher au terme de toutes ces discussions ; nous le desirons sincèrement ; nous vous offrons, citoyen général, l'olivier de la paix : que la bonne intelligence règne parmi nous ! la franchise, la loyauté, voilà la base sur laquelle elle reposera, si vous le voulez, sans aucune arrière-pensée de notre part. »

L'extrait de cette lettre prouvera à tout être impartial que si l'administration a pu user avec autant de modération de la victoire qu'elle remportait par l'assentiment du ministre, elle n'a été dirigée, dans cette contestation, que par le sentiment intime de ses droits, que par la nécessité de les maintenir, sans prétendre s'écarter du cercle de ses attributions.

Le général est poussé à bout : il s'apper-
çoit sans doute qu'il ne peut plus résister
sans se compromettre. Les argumens qui
lui sont présentés sont irrésistibles aux
yeux de la raison ; il faut les rétorquer par
la force des armes. L'administration est
dans tout son droit ; il faut lui donner
tort ; changer encore l'état de la question
d'un département en paix, en faire un
département en état de guerre, le consti-
tuer gratuitement en état de troubles : ce
moyen est facile ; on l'adopte, et, le 7 vendémiaire, les communes susdites sont mises
en état de siége.

Une courte discussion sur chacun des
motifs qui basent l'arrêté du général Tilly,
en fera connaître le mérite.

L'esprit public (prétend ce général)
continue à y être très-mauvais.

S'il est vrai que des individus ont don-
né quelquefois des marques d'incivisme,
il n'est pas moins vrai qu'on compte dans
ce département un grand nombre de républicains purs et sincères, que le peuple,
en général, y est calme et paisible : on
peut même assurer que la masse porte un
caractère très-éloigné de troubles et d'in-
surrections.

Du reste , si la tiédeur de l'esprit public a pu motiver la mise en état de siége , il faut en convenir avec regret, peu de départemens de l'ancienne France seraient exempts d'une pareille mesure. La justice doit être une et commune à tous les départemens.

La désertion des conscrits n'eût point dû servir de prétexte à l'arrêté du 5 vendémiaire, quand les effets de l'amnistie devaient se prolonger jusqu'au 10.

Il existe , dans ce département comme dans tous les autres de la République, un arriéré sur les contributions : il est peut-être plus faible que par-tout ailleurs. Le département marche assez de pair avec tous les autres ; il est moins vieux en révolution ; il est moins formé ; il mériterait de l'indulgence et de l'encouragement , au lieu de châtimens. Le service militaire, depuis deux ans, n'a jamais été compromis : n'y assure-t-on pas à présent celui des subsistances? Au reste, ce n'est point au général Tilly à être juge dans cette circonstance : on s'en réfère au témoignage impartial du ministre des finances, qui a bien voulu se prononcer à ce sujet avec plus d'indulgence.

Six militaires ont été maltraités dans la commune de Curange ; mais cette commune a été condamnée, le 28 fructidor, à une indemnité de 2,000 francs en faveur de ces militaires, et de plus à une amende de pareille somme au profit de la République. Son crime est donc expié : elle a satisfait à la loi du 10 vendémiaire an 4. Pouvait-elle être dans le cas d'être reprise pour le même fait, et de subir une double peine ?

Un assassinat a été commis sur la personne d'un hussard, à un quart de lieue de Diepenbeck, vers les onze heures du soir. Il est le crime de trois individus, dont deux seulement habitent cette commune. En inférera-t-on que toute la commune y ait pris part, et que non seulement tous ses habitans en sont responsables, mais que des mesures sévères doivent être infligées à d'autres communes paisibles, même au département entier ?

Le jour même que le procès-verbal de cet assassinat fut remis à l'administration, elle s'assembla extraordinairement ; elle ordonna, en vertu de la loi du 24 messidor, la prise de trois otages parmi les parens des assassins.

On est à la poursuite de ces assassins; on a rendu compte de tout au directoire, aux ministres de la police et de l'intérieur : le vœu de la loi et l'intention du législateur ont donc été remplis.

Quant à l'abus de pouvoir que le général Tilly se permet assez légèrement de reprocher à l'administration centrale, parce que, dans cette lutte, elle a requis la gendarmerie de ne reconnaître que ses ordres à l'égard des permissions du port d'armes, on le prie d'observer qu'aux termes de l'article 160 de la loi du 28 germinal, dont il a soin de ne citer qu'une partie, qu'en état de paix, et le département de la Meuse-Inférieure y était à cette époque, les officiers de la gendarmerie nationale ne sont subordonnés aux généraux de division que pour l'exécution des mesures d'ordre et de police qui peuvent intéresser la sûreté des places et des postes militaires, sans toutefois qu'ils soient tenus de leur rendre aucun compte de leurs opérations, ou de l'exécution des ordres dont ils sont chargés, *autres que ceux concernant le service militaire et la sûrete des places.*

En matière de police civile, la gendarmerie est dans une indépendance absolue des généraux.

On n'entrera pas dans un plus long détail.

On ferait un mémoire, au lieu d'un précis qu'on s'est proposé.

Une dernière observation. On pourrait au plus admettre la mise en état de siége des communes de Curange et Diepenbeck, si on ne voyait que le conflit de pouvoirs en est l'unique cause ; mais jamais, sous aucun prétexte, sous aucun rapport, on ne légitimera cette mesure à l'égard de Maestricht et Venloo, les deux communes les plus paisibles de la République, où jamais il n'a existé l'apparence du moindre trouble.

Paris, le 18 vendémiaire, an 8 de la République française, une et indivisible.

HENNEQUIN, *administrateur*.

De l'Imprimerie de GUILLEMINET, rue de la Harpe, au ci-devant Collége d'Harcourt, n°. 117.